동물들의 이상한 습관
코딱지 먹는 고릴라

초판 발행 2018년 5월 15일
2쇄 발행 2019년 5월 30일

글 에마뉘엘 피게라 | **그림** 가엘 뵈리에 | **옮김** 원용옥
펴낸곳 계수나무 | **펴낸이** 위수현 | **출판등록** 2001.1.9 제10-2091호
주소 10881 경기도 파주시 회동길 483(문발동 635-2)
전화 편집부 (031) 948-6288 영업부 (031) 948-8765, (070) 4243-6504 | **팩스** (031) 948-6621
홈페이지 www.gesunamu.co.kr | **이메일** gesunamu21@hanmail.net
블로그 blog.naver.com/gesunamu21 | **페이스북** facebook.com/gesunamu | **인스타그램** @gesunamu21

ISBN 979-11-87914-08-2 73490
한국어판 ⓒ 계수나무, 2018

Le dico des animaux crados
ⓒ Editions Milan, France, 2016
Korean Translation ⓒ Gesunamu Publishing House
Arranged through Icarias Agency, Seoul.

이 책의 한국어판 저작권은 Icarias Agency를 통해 Editions Milan과 독점 계약한 계수나무 출판사에 있습니다.
저작권법에 의하여 한국 내에서 보호를 받는 저작물이므로 무단전재와 복제를 금합니다.

「이 도서의 국립중앙도서관 출판예정도서목록(CIP)은 서지정보유통지원시스템 홈페이지(http://seoji.nl.go.kr)와
국가자료공동목록시스템(http://www.nl.go.kr/kolisnet)에서 이용하실 수 있습니다.(CIP제어번호: CIP2018011812)」

어린이제품안전특별법에 의한 제품 표시
제조자명 계수나무 제조 연월 2019년 5월 제조국 대한민국 사용 연령 8세 이상
주의 사항 종이에 베이거나 굵히지 않도록 조심하세요. 책 모서리가 날카로우니 던지거나 떨어뜨리지 마세요.

동물들의 이상한 습관

코딱지 먹는 고릴라

글 에마뉘엘 피게라 · 그림 가엘 뵈리에 · 옮김 원용옥

계수나무

차례

침 9
입맛이 당길 때 나오는 침
화가 날 때 나오는 침
신비로운 침
끈적끈적한 점액
더위를 막는 점액
문을 만드는 점액
화장품이 되는 점액
활동을 도와주는 점액

끈적끈적한 침 14

똥 16
똥 공장 · 와, 똥 완자다! · 똥 뿌리기

똥 포격 20
후투티의 똥 포격
개똥지빠귀의 똥 포격
대륙검은지빠귀의 똥 포격

똥 차림표 22
코끼리 똥 · 비둘기 똥 · 말똥
수달 똥 · 멧돼지 똥 · 거위 똥
염소 똥 · 노루 똥 · 둥지 똥
기생충 방지용 똥 · 요람 똥
걸쭉한 똥 · 시멘트 똥
아침 식사 똥 · 디저트 똥
약 똥 · 버섯 똥 · 밥 똥
변장 똥 · 위장 똥 · 샤워 똥 · 가짜 똥

똥 학문 30
신분증 똥 · 경찰 똥 · 김이 나는 똥
통로 똥 · 증인 똥 · 역사적인 똥 · 감정 똥

턱받이 32

하수구 34

엉덩이 36
알록달록 원숭이
엉덩이 좀 보여 줘
항상 깨끗한 엉덩이

진흙탕 38
상쾌한 진흙탕
목욕실 진흙탕
모두를 위한 진흙탕
병 치료를 위한 진흙탕

콧물 40
콧물 덩어리
위협적인 콧물
침낭 콧물

오줌 44
사랑의 오줌 · 똥오줌
명함 오줌 · 최고 기록 오줌

쓰레기통 48

가래 50

코딱지 52

머릿니 54
보기 흉한 머릿니
동물마다 다른 머릿니
입맛대로 골라 먹는 머릿니

방귀 56
눈이 따끔거리는 방귀
공기를 오염시키는 방귀
냄새가 독한 방귀

악취 60
악취의 왕
조심해! 나, 냄새 풍긴다!
냄새가 제일 심한 원숭이는 누구?
비버
사향고양이
메뚜기
오랑우탄
조랑말
빈대
사향쥐
아프리카메뚜기

트림 64

돌기 66

향기로운 토사물 68

발사 토사물 70

화장실 72
높은 곳에 있는 화장실
개인 화장실
침대 밑 화장실
구멍만 있는 터키식 화장실
어린 새들을 위한 화장실
1층에 있는 화장실
신문 역할을 하는 화장실

**자, 이제 나야.
아주 더럽지!** 74
발에서 냄새가 나요
입에서도 냄새가 나요
코에서는 콧물이 흘러요
머리에서는 비듬이 생겨요
귀에서는 귀지가 생겨요
엉덩이는 방귀를 뀌어요

퀴즈 76

침

침 흘리기 챔피언은 누구일까요? 침을 가장 많이 흘리는 개를 어떻게 알 수 있을까요? 아주 쉬워요! 축 늘어진 입술만 잘 살펴보면 되거든요. 여기 그림에 나폴리 마스티프, 복서, 불독, 뉴펀들랜드 종의 개들이 있어요. 모두 입 주변이 늘어져 있지요? 침을 삼킬 수가 없어서 주름 사이로 침이 질질 흘러요. 주르륵, 주르륵!

입맛이 당길 때 나오는 침

개는 못 먹는 게 없어요. 고양이의 토사물, 냄새가 나는 지독한 치즈 껍질, 새의 사체 등등 맛을 따지지 않고 다 잘 먹지요. 씹지도 않고 통째로 삼키기도 해요. 개의 코앞에서 신선한 고기 조각을 흔들어 보면, 맛을 느끼는 혀의 돌기가 점점 흥분해서 입 밖으로 침이 줄줄 흘러나와요. 고기를 먹고 싶어서 안달이지요. 마치 끈적거리는 치즈가 녹아 입술에 들러붙어 있듯이 침이 줄줄! 하지만 개는 침이 흐르든 말든 신경 쓰지 않아요. 침을 닦을 생각도 안 한다고요!

화가 날 때 나오는 침

낙타가 화가 났을 때에는 가까이 가지 않는 게 좋아요. 무척 더럽거든요. 이빨을 마구 갈아대고, 꼬리에 오줌을 누기까지 해요. 그리고 위액이 섞여 냄새가 지독한 침을 흘리며, 입에는 허연 거품을 물어요. 또 며칠씩 배 속에 저장한 것을 상대방에게 모두 뱉어 버리기도 해요. 그럴 때에는 낙타가 물 수도 있으니 특히 조심해야 해요. 이런 행동들은 낙타가 적들에게 하는 경고의 표현으로 큰 싸움을 피하기 위해서 그러는 거예요.

신비로운 침

고슴도치는 과학자들도 아직 밝혀내지 못한 비밀이 많아요. 위험을 느낄 때 고슴도치가 몸을 둥글게 마는 건 잘 알려진 사실이에요. 그런데 때때로 도저히 이해할 수 없는 더러운 행동을 해요. 깎인 잔디나 싱싱한 박하잎을 발견하면 고슴도치는 그걸 우물우물 씹은 다음, 몸을 공처럼 웅크려요. 그러고는 초록색 침을 뱉어서 자기 몸에 난 뾰족한 가시 위에 발라요. 왜 그럴까요? 진드기나 머릿니 같은 작고 귀찮게 구는 벌레들을 쫓으려는 걸까요? 아니면, 자기를 공격할 수도 있는 동물들을 막기 위해 위장술을 쓰는 걸까요? 정말 이유를 모르겠다니까요.

끈적끈적한 점액

달팽이는 아침부터 하루 종일 점액을 흘려요. 휴지로 닦으라고 할 수도 없을 정도예요. 달팽이 점액은 끈적끈적한 콧물 같아요. 등 껍데기 밑에 있는 길고 부드러운 근육질 발에서 나오기 때문에, 자기 몸을 계속 적시며 기어갈 수 있어요.

더위를 막는 점액

달팽이는 여름에 더위를 타지 않아요. 항상 점액으로 뒤덮여 있거든요. 만약 위험에 빠지면요? 달팽이는 몸을 등 껍데기 안으로 얼른 집어넣고, 거품 같은 점액을 내보내요. 그러면 적들이 질겁하며 모두 도망간답니다.

문을 만드는 점액

달팽이는 겨울에 발을 등 껍데기 안으로 넣어요. 그런 다음, 끈적한 점액으로 문을 만들어요. 추위를 견디고 적들을 막아 내기 위해 아주 단단하게 만든답니다.

화장품이 되는 점액

달팽이가 우리 얼굴 위로 점액을 흘리며 기어 다닌다고 상상해 보세요. 얼굴에 난 여드름을 없애려고 말이에요. 으윽, 생각만 해도 소름이 끼쳐요. 하지만 전 세계의 많은 여성들이 이 방법으로 피부를 아름답게 가꾸고 있어요. 바로 달팽이 크림으로요. 달팽이의 점액에는 뽀루지나 주름을 없애 주는 놀라운 효능이 있거든요. 달팽이는 등 껍데기가 망가지면 점액으로 스스로 고쳐 내기도 한답니다.

활동을 도와주는 점액

이제 움직여 볼까요? 점액은 조금만 있어도 충분해요. 죽 미끄러져요! 부드럽게요. 장애물을 모두 극복하면서 시간당 450미터 속도로 천천히 전진하는 거예요. 달팽이는 운동 능력이 뛰어나요. 풀 위에서 썰매를 탈 수도 있고, 벽 위로 기어오를 수도 있어요. 화분에 거꾸로 매달려 잠을 잘 수도 있지요. 끈적거리는 흔적을 남길 수 있으면 더 잘됐죠, 뭐. 집으로 돌아가는 길을 쉽게 찾을 수 있을 테니까요!

끈적끈적한 침

카멜레온이 벌레를 사냥하는 기술은 놀라워요. 슬슬 배가 고파지기 시작하면 카멜레온은 곧바로 나뭇가지에 걸터앉아 나비가 지나가길 기다려요. 아, 한 마리가 지나가요. 호로록! 끈적끈적한 침이 잔뜩 묻은 혀를 쫙 펼쳐서 먹잇감을 잡아들여 삼킨답니다.

똥

공룡 똥은 정확히 말하면 그냥 똥이 아니에요. 비밀 정보가 든 보물이지요. 이 똥 덕분에 6500만 년 전에 사라진 티라노사우루스가 무엇을 먹고 살았는지 알 수 있어요. 어떻게 아냐고요? 똥 속에서 세 뿔 공룡 트리케라톱스의 뼛조각을 찾았거든요.

똥 공장

흰뺨기러기는 그린란드 주변에 살아요. 검고 하얀 깃털이 멋져서 쉽게 알아볼 수 있어요. 이 귀엽고 작은 기러기는 굉장한 똥 공장이기도 해요.

흰뺨기러기는 하루 종일 풀을 먹어요. 그런데 아주 자그마한 위 속에 양식을 모두 담아 둘 수 없어서 계속 똥을 만든답니다. 뿌지직, 뿌지직, 뿌지직.

흰뺨기러기는 작은 똥 덩어리들을 계속 흘리면서 다녀요. 볼일을 보려고 멈출 시간도 없답니다.

흰뺨기러기가 똥을 얼마나 잘 만드는지 과학자들이 재미 삼아 계산을 해 보았대요. 세상에! 평균 3분에 한 번씩 똥 덩어리를 만든다고 해요. 그러니까 흰뺨기러기는 똥 만드는 챔피언이에요.

와, 똥 완자다!

북극의 순록들은 항상 흰뺨기러기들을 졸졸 따라다녀요. 순록이 흰뺨기러기를 너무 좋아하는 걸까요? 혹시, 잡아먹으려고요? 아니에요! 흰뺨기러기의 똥을 먹으려는 거예요. "흰뺨기러기 똥이다! 호로록호로록!" 이 똥 속에는 순록들이 추위를 견뎌 내는 데 꼭 필요한 비타민이 가득 들어 있어요.

똥 뿌리기

동물들 중에서 똥 뿌리기 대장은 단연코 하마예요. 하마는 몸무게가 트럭만큼이나 많이 나가요. 입안에는 뾰족뾰족한 이빨들이 가득하지요. 하마는 아프리카에서 살아요. 조용히 지내는 것을 좋아하는 하마는 가족 말고는 다른 하마들이 자기 영역으로 들어오는 것을 좋아하지 않아요.
하마가 자기 영역을 지키는 방법은 좀 지저분해요. 먼저 온 힘을 다해 거대한 물똥을 싸요. 그런 다음, 작은 꼬리를 흔들면서 사방으로 물똥을 뿌려 대지요. "내 거대 똥 봤지? 이게 바로 내 작품이야! 난 내가 원하는 데다 똥을 쌀 거야. 내 집이니까. 그러니까 내 영역에 발 들여 놓는 건 꿈도 꾸지 마!" 이런 경고를 받고도 감히 근처에서 어슬렁거렸다가는 화난 주인과 한바탕 싸움을 벌일 각오를 해야 할 거예요.

후투티의 똥 포격

새들은 둥지를 청소할 때 새끼들의 똥도 치워요. 아기 새들이 병에 걸리거나 예쁜 솜털들이 더러워지면 절대 안 되니까요. 게다가 냄새가 너무 심하면, 수많은 적들에게 새끼들이 있는 곳을 알려 주는 셈이 되거든요.

그런데 후투티는 안 그래요. 절대 청소를 하지 않아요. 봄이 되면 후투티의 둥지에서는 지독한 냄새가 나요. 새 연구가들이 그 역겨운 냄새로 후투티의 둥지를 알 정도예요.

하지만 어미 후투티가 똥을 그대로 두는 데에는 다 이유가 있답니다. 후투티 새끼들이 스스로를 지킬 힘이 없어서예요. 그래서 어미 후투티가 적들에게 똥 포격을 날리는 데 쓰는 거예요. "에잇, 이거나 먹어라!" 하면서요.

똥 포격

개똥지빠귀의 똥 포격

개똥지빠귀는 배에 예쁜 무늬가 있는 새예요. 겨우살이나 딱총나무의 작은 열매를 먹지요. 개똥지빠귀는 약탈자가 둥지에 너무 가까이 다가오면 물똥을 퍼부어 대어 새끼들을 보호해요. 그러면 약탈자들은 어쩔 수 없이 도망치고 말지요. 똥 공격이 도움이 되는 이유가 또 있어요. 바로 똥 속에 섞여 있던 작은 씨앗들을 퍼뜨리는 거예요. 똥이라는 비료 덕분에 씨앗들은 싹을 잘 틔워 어느새 정원을 만들어 놓는답니다.

대륙검은지빠귀의 똥 포격

대륙검은지빠귀는 새끼들을 보호하기 위해 둥지를 청소해요. 흐트러진 작은 똥 부스러기까지 치워요. 둥지는 수풀 더미 속에 잘 숨겨 놓고요. 이렇게 조심을 했는데도 만약 고양이나 매, 또는 까마귀가 둥지로 가까이 다가오면, 부모 새들은 적들 바로 위에서 전투태세로 비행을 해요. 그러다가 타타탁타타탁! 끈적끈적한 똥 폭탄 투하! 꼴좋게 됐네요!

똥 차림표

1. 코끼리 똥
코끼리는 엄청난 무게의 똥을 싸요. 코끼리 혼자서 힘도 안 들이고 2킬로그램도 더 나가는 거대한 똥 한 덩어리를 단번에 만들 수 있어요.

2. 비둘기 똥
비둘기가 처음에 싼 똥은 묽어요. 하지만 일단 굳으면, 영양이 풍부한 좋은 비료가 돼요. 식물들이 더 빨리 자라도록 도와주거든요.

3. 말똥
말똥은 작고 동글동글해요. 연한 풀을 먹으면, 묽은 초록색 똥을 싸요. 하지만 건초나 짚을 먹으면, 단단하고 짙은 밤색 똥을 싼답니다.

4. 수달 똥

수달의 똥은 눈에 잘 띄지 않아요. 그래서 과학자들도 어쩌다 수달의 똥 흔적을 발견하면 굉장히 놀라워해요. 수달은 초록빛이 나는 작은 똥 무더기를 만들어 놓아요. 그 안에 물고기의 비늘과 뼈가 잔뜩 들어 있지요. 하지만 냄새는 절대 나쁘지 않아요. 오히려 살짝 꿀 향기가 나기도 한답니다.

5. 멧돼지 똥

진흙 목욕을 마친 멧돼지는 털을 청소하려고 나무에 몸을 비벼요. 이때가 멧돼지가 편안함을 느끼는 시간이에요. 그리고 뿌지직뿌지직! 똥을 싸요. 작고 검은 순대처럼 생긴 똥이에요.

6. 거위 똥

거위는 하루 종일 풀을 뜯어 먹어요. 밀 이삭과 옥수수 알갱이도 좋아해요. 거위 똥이 노랗고 초록빛이 나는 건 이런 걸 먹어서예요.

7. 염소 똥

염소는 풀이나 잎, 가시덤불까지 먹어요. 이것을 다 소화하면 수십 개의 작고 단단한 똥을 싸요. 마치 작은 검은 콩알들을 모아 놓은 것 같지요. 그래서 콩알 사탕이라는 재미있는 이름이 붙었어요.

8. 노루 똥

노루 똥은 검정콩들이 뭉쳐서 반짝거리는 것 같아요. 마치 양탄자처럼 보여요.

둥지 똥
머리에 투구 모양의 돌기를 가진 코뿔새는 무엇으로 둥지를 만들까요? 바로 자기 똥으로 만들어요! 으깬 열매와 진흙을 똥에 섞으면 완벽한 시멘트가 되지요. 그걸로 단단한 둥지를 만들어요. 이 요새는 원숭이나 뱀으로부터 엄마 새와 아기 새들을 안전하게 지켜 준답니다.

기생충 방지용 똥

비둘기는 씨앗이나 채소, 식물 뿌리 또는 작은 열매를 먹어요. 그런데 가끔은 놀랍게도 작은 돌을 삼켜요. 이 돌은 먹은 음식물이 잘 소화되도록 빻는 역할을 해요. 또, 자기 똥을 쪼아 먹기도 해요. 몸속 기생충의 공격을 이겨 내는 데 필요한 미네랄을 다시 먹는 거예요.

요람 똥

똥파리는 똥을 먹는 것쯤은 일도 아니에요. 게다가 똥을 아주 잘 이용하지요. 쇠똥 속에 직접 알을 낳아요. 알에서 깬 파리 애벌레들은 똥 속의 다른 곤충들의 알을 먹으면서 따뜻하게 잘 자라요.

걸쭉한 똥

엄마 코알라가 아기 코알라에게 꼭 먹여 주는 것이 있어요. 과일일까요? 씨앗일까요? 아니랍니다! 자기 똥 덩어리를 먹여요. 방금 싼 똥이라 세균이 가득 들어 있어요. 이 걸쭉한 똥은 아기 코알라가 유칼립투스 잎 속에 들어 있는 독을 소화할 수 있도록 해 주어요. 어른이 되면 코알라는 평생 유칼립투스 잎을 먹어야 하니까요.

시멘트 똥

항상 떠돌아다니는 새들은 어떻게 집을 지을까요? 페루비안 부비새 같은 바닷새들은 독창적인 방법을 써요. 식물이 없는 바위 위에 둥지를 만드는데, 바다에서 주운 미역을 죽 쌓아 놓고 자기들 똥으로 붙여요. 이 새들, 완전 기발하죠!

아침 식사 똥

토끼는 아침마다 자기 똥을 먹어요. 그렇다고 무조건 다 먹지는 않아요. 말랑말랑하고 촉촉하고 따뜻하고 반짝이는 작은 똥 덩어리들만 먹어요. 이 똥들은 토끼가 자는 동안 만들어지는데, 소화가 잘되도록 도와주지요. 대신에 자기들이 낮에 돌아다니면서 사방에 뿌리는 작은 똥 덩어리는 먹지 않아요.

디저트 똥

개미들도 신선한 똥을 무척 좋아해요. 하지만 오직 진딧물의 똥만 먹어요. 이 똥을 마음껏 먹으려고 집에다 식당을 차리고 진딧물을 키워요. 진딧물은 식물에서 수액을 빨아들여서 꿀을 만들어요. 그게 바로 크림처럼 부드럽고 살짝 단맛이 나는 똥이에요. 둘이 먹다 하나가 죽어도 모를 정도로 무척 맛있답니다.

약 똥

'사바나'라는 대초원에 사는 새끼 코끼리는 엄마 똥을 먹어요. 똥을 먹으라고 누가 알려 준 것도 아닌데 혼자 알아서 먹는 거예요. 이 특별하고 신선한 똥에는 식물을 소화하는 데 꼭 필요한 박테리아가 들어 있어요.

버섯 똥

흰개미의 종류는 2600종이 넘어요. 늘 과학자들의 관심을 받고 있어요. 그중에는 땅속에 거대한 진열실을 만들어 그 안에서 버섯을 키워 먹는 흰개미들이 있어요. 어떻게 버섯을 키우냐고요? 식은 죽 먹기죠. 먼저 자그마한 나무 부스러기들을 먹어서 소화한 다음, 똥을 싸요. 그리고 똥으로 둥근 공을 만들어서 쌓으면 끝! 그 안에서 버섯이 쑥쑥 자란답니다.

밥 똥

쇠똥구리는 대단해요! 쇠똥이나 코끼리 똥, 하마 똥 그리고 원숭이 똥이나 말똥이 어느 순간 스르륵 없어지는 건 바로 쇠똥구리 때문이에요. 전 세계 어디서나 수많은 종류의 쇠똥구리들이 제각각 일을 해요. 각자 먹고 싶은 동물의 똥을 먹는 거죠. 그럼 모두가 행복해져요.

변장 똥
오스트레일리아에는 새똥거미라고 불리는 놀라운 거미가 살아요. 모양이 새똥과 닮았어요. 흰 반점까지 똑같아요. 완벽하게 모습을 바꾸는 거예요. 물론 예쁘지는 않아요. 하지만 워낙 변장을 잘해서 포식자들로부터 안전하게 지내요. 아무도 먹고 싶어 하지 않거든요. 그리고 쉽게 진드기들을 사냥할 수 있어요. 똥같이 생겼는데 누가 조심을 하겠어요!

위장 똥
똥인 척 위장하는 동물들이 꽤 있어요. 산호랑나비의 애벌레는 등에 흰 반점이 있어요. 새똥의 흰 반점과 비슷하게 보이지요. 새똥개구리는 아시아의 열대 숲속 나무에서 사는데, 희고 검은 반점이 있는 데다 작은 몸에서 빛이 나요. 이 이상한 개구리는 아마 세상에서 가장 못생겼을 거예요. 그런데 정말 기가 막히게 새똥과 닮아서 뱀이나 포유류, 새 같은 무서운 적들 곁에서도 살아갈 수 있어요. 어찌나 못생겼는지 아무도 이 개구리 뒷다리를 깨물고 싶어하지 않아요.

샤워 똥

날씨가 아주 무더울 때 황새는 똥 샤워를 해요. 똥 위에서 뒹구는 거죠. 길고 뜨거운 다리를 똥으로 덮어요. 그러면 똥의 물기가 공기 속으로 날아가면서 몸의 온도는 내려가요. 마치 미지근한 물이 가득 찬 욕조에 몸을 담갔던 것처럼요.

가짜 똥

풍뎅잇과에 속하는 빨간 나리딱정벌레는 원래 몸이 아주 작아요. 쌀 한 톨 크기만큼도 안돼요. 이 벌레의 부모는 새끼를 돌보지 않아요. 하지만 새끼는 포식자들로부터 살아남기 위해서 아무도 필요하지 않지요. 정말 더럽긴 하지만 아주 좋은 방법이 있거든요. 똥을 쌀 때마다 그 안에서 뒹구는 거예요. 끈적끈적하고 축축한, 작고 검은 똥으로 변장해서 천적으로부터 자신을 지키죠. 어떤 천적도 이 녀석을 먹고 싶은 생각이 들지 않아요. 게다가 태양열로부터 몸을 보호할 수도 있어요. 꽤 똑똑하죠?

똥 학문

똥 학문이란 말은 새로 만들어진 낱말이에요. 동물들의 똥 연구를 가리키는 말로는 아주 적합하지요. 과학자들이 똥에 관심을 두는 것은 우리가 야생 동물들에 대해 모르는 수많은 정보들을 똥 속에서 찾을 수 있기 때문이에요.

1. 신분증 똥

동물들은 각자 자기만의 똥이 있어요. 작은 씨앗 같은 똥, 똬리를 튼 똥, 무더기로 싸 놓은 똥, 순대 같은 똥, 밤색 똥, 흰색 똥, 분홍색 똥, 완전 물컹물컹한 똥, 돌처럼 단단한 똥 등등 동물들의 수만큼 서로 다른 똥들이 있어요. 똥 색깔이나 모양은 무엇보다 동물들의 크기에 따라 달라요. 또 뭘 먹느냐에 따라 다르지요.

4. 통로 똥

곰이나 수달, 들쥐 같은 동물들을 자연에서 직접 보는 것은 무척 어려워요. 다행히도 이 동물들이 지나다니는 곳에서 쉽게 똥을 볼 수 있어요. 이 똥들은 동물들이 어디 사는지, 심지어 몇 마리인지도 알 수 있는 귀중한 단서가 돼요.

2. 경찰 똥

양이 포식자에게 잡혀 죽었다면 범인이 누구인지 어떻게 알까요? 여우일까요? 개일까요? 아니면 늑대일까요? 자연을 잘 관찰해 온 사람이라면 동물의 시체 근처에서 발견한 똥으로 누가 살인자인지 금방 알아낼 거예요.

5. 증인 똥

똥으로 알 수 있는 정보는 셀 수 없이 많아요. 똥에 있는 유전자 구성 요소인 DNA로 누가 똥을 쌌는지 정확히 알 수 있어요. 만약 한 강아지가 길 위에 똥을 한 무더기 싸 놓았다면, 범인이 우리 집 강아지인지 아니면 옆집 강아지인지 알 수 있지요.

3. 김이 나는 똥

똥을 발견했어요. 김이 나요? 아니면 마른 똥이에요? 똥이 얼마나 신선한지에 따라 똥 주인이 언제 이곳을 지나갔는지 알 수 있어요. 똥에서 김이 난다면 당연히 얼마 안 됐겠죠. 반면에 완전히 말라비틀어진 똥이라면 며칠 지난 거예요.

6. 역사적인 똥

지금은 지구에서 사라진 동물들의 똥은 굉장한 가치가 있어요. 똥으로 동물들이 뭘 먹었는지, 어디에 살았는지 알 수 있거든요. 또 동물들의 유전자 나무인 족보를 그릴 수도 있어요. 똥 화석에서 뽑아낸 DNA로 동굴하이에나가 오늘날 여전히 아프리카에서 살고 있는 점박이하이에나의 조상이었다는 것을 알아내기도 했답니다.

7. 감정 똥

동물의 똥으로 기분도 알 수 있어요. 예를 들어 바다에서 배가 지날 때, 고래를 방해하는지 아닌지 어떻게 알까요? 아주 간단해요! 바다에 둥둥 떠 있는 고래 똥을 분석해 보아요. 고래의 거대한 분홍색 똥에는 기분을 알려 주는 화학 메시지가 담겨 있어요. 고래가 스트레스를 받았을 때 싸는 똥과 기분이 좋을 때 싸는 똥은 다르답니다.

턱받이

독수리는 정말 돼지처럼 먹어요! 죽은 양의 배 속에 머리를 쑤셔 넣고 창자를 삼켜요. 냠냠! 그런데 먹다 보면 몸이 너무 더러워져요. 그래서 목덜미의 긴 깃털을 턱받이로 사용해요. 그럼 긴 목에 피가 묻지 않아요. 정말 편리하지요?

하수구

하수구는 축축한 지하 통로예요. 지하로 흐르는 더러운 물 때문에 나쁜 냄새가 심하게 나요. 화장실에서 나온 엄청난 양의 똥과 오줌이 모이는 곳이기도 해요. 하지만 하수구에 사는 수많은 쥐들에겐 천국 같은 곳이에요. 냄새가 아무리 심해도 아랑곳하지 않고 사방에 오줌을 더 싸고 다니며 자기 영역을 표시하기에 바쁘답니다.

엉덩이

알록달록 엉덩이

개코원숭이의 사촌쯤 되는 맨드릴개코원숭이는 아마 동물 세계에서 가장 놀라운 엉덩이를 가지고 있을 거예요. 길고 선명한 빨간 코도 특이하지만, 붉고 분홍빛이 도는 푸른색의 엉덩이는 더더욱 굉장해요. 한번 보면 절대 지나칠 수 없지요. 숲을 돌아다닐 때 이 색깔이 표지판이 된다고 생각하는 과학자들도 있어요. 대장 원숭이가 다른 원숭이들에게 등을 돌려 출발 신호를 주는 역할을 한다고요. "자, 모두들 내 엉덩이 잘 봤지? 엉덩이를 잘 따라와야 해. 이쪽이야!" 하고 말이에요.

엉덩이 좀 보여 줘

개들은 엉덩이 냄새를 맡는 버릇이 있어요. 다른 개의 엉덩이에 코를 대고, 사람은 절대 알 수 없는 냄새까지 다 맡아요. 개들의 언어로는 이 냄새가 바로 "난 여자거든. 아니, 남자거든.", 또는 "난 오늘 기분이 완전 좋아. 아니, 스트레스 좀 받았어.", 또는 "난 건강해. 아니, 감기 걸렸어."라고 말하는 거예요. 개한테는 엉덩이를 보여 주는 게 공손함을 표현하는 방법이라고도 해요.

항상 깨끗한 엉덩이

고양이는 냄새나는 걸 너무 싫어해요. 털이 텁수룩한 것도 싫어하지요. 고양이는 세수할 때 사람보다 훨씬 더 공을 많이 들여요. 그리고 혹시라도 더러워졌을까 봐 하루에도 몇 번씩 씻어요. 고양이에게는 침이 비누이고, 혀와 발은 때수건이 돼요. 이빨은 더러운 이물질을 제거하는 족집게예요. 게다가 척추가 무척 유연해서 자기 엉덩이를 핥을 수도 있답니다. 뭐, 그게 더럽다고 생각하진 않아요. 아주 어릴 때에는 혼자 알아서 뭘 할 수가 없으니까, 이와 같은 방법으로 어미 고양이가 새끼 고양이를 닦아 준답니다.

진흙탕

상쾌한 진흙탕
"돼지처럼 더럽다."라는 말이 있어요. 그건 맞는 말이에요. 돼지는 진흙탕에서 쿵, 쿵! 뒹굴기를 좋아하니까요. 몸을 쭉 펴서 얼굴부터 엉덩이까지 온몸을 진흙투성이로 만들어요. 진흙이 덕지덕지 붙어도 돼지는 너무 행복해하지요. 진흙 목욕은 땀을 흘리지 않는 돼지에게는 아주 큰 도움이 돼요. 햇볕이 쨍쨍 내리쬐어 견딜 수 없을 때 축축한 진흙으로 예민하고도 뚱뚱한 몸을 상쾌하게 만드는 거예요. 몸에 달라붙는 진드기도 쫓아낼 수 있지요. 몸을 보호하는 돼지만의 방법이랍니다.

목욕실 진흙탕
돼지의 사촌쯤 되고 야생에서 사는 멧돼지에게는 진흙 목욕탕이 딸린 정원이 있어요. 그래서 매일 잠들기 전에 여기에서 목욕을 즐겨요. 멧돼지는 항상 같은 일을 똑같은 순서대로 하는 독특한 습관이 있어요. 일단 몸을 진흙탕에 푹 담가요. 그런 다음 나무 기둥에 대고 비비면서 몸을 닦지요. 몸을 터는 솔 같은 거예요. 자, 그럼 이제 자러 가 볼까요! 멧돼지는 침대 속에 자리를 잡아요. 눈에도 잘 띄지 않고 바람도 불지 않으며 잘 마른 땅에 구덩이를 파고 자는 거예요.
혹시 숲을 산책하다 마른 진흙 덩어리가 잔뜩 묻은 나무껍질을 본다면, 그리고 멀지 않은 곳에 늪이 있다면, 그게 바로 멧돼지의 목욕탕일지도 몰라요.

모두를 위한 진흙탕
코끼리, 코뿔소, 하마나 물소도 진흙탕 늪 속에서 편안히 쉬어요. 그런데 새들도 그럴까요? 새들은 진흙을 별로 좋아하지 않아요. 진흙이 깃털에 붙으니까요. 새들은 보통 엉덩이를 작은 모래 더미에 대고 비벼요. 그게 씻는 거예요. 그러면서 귀찮게 구는 진드기들도 쫓아 버려요.

병 치료를 위한 진흙탕
그럼 사람들도 진흙탕을 좋아할까요? 미지근한 진흙탕 속에 온몸을 푹 담근 채 발가락만 삐죽 내민 모습을 상상해 보세요. 사람들도 오래전부터 진흙 목욕을 해 왔어요. 아주 옛날부터요. 고대 그리스인, 로마인, 이집트인 들은 근육이나 뼈에 통증이 있을 때 그 고통을 가라앉히려고 진흙 목욕을 했어요. 오늘날에도 온천 같은 곳에서 진흙 치료법이 이루어지고 있어요.

콧물

강물 속에 있는 악어가 무척 흥분했어요. 연인 곁에서 소리도 지르고, 헤엄도 쳐요. 그리고 연인에게 머리를 비비기도 하지요. 하지만 최고의 유혹은 바로 코로 방울을 만드는 거예요. 그건 "이것 봐. 나, 정말 힘도 세고 멋지지? 코로 방울도 만들 수 있다고!" 하고 말하는 거랍니다.

콧물 덩어리

물고기들은 끈적끈적한 콧물을 만들어 내요. 그것이 몸에 짝짝 달라붙어서 물속에서 아주 잘 미끄러져 다닐 수 있어요. 이 분야의 챔피언은 바로 세상에서 가장 못생긴 물고기로 뽑히는 블로브피시예요. 이 물고기는 몸이 매끈하면서도 끈적거리고 물렁물렁한 게 꼭 젤리 같아요. 젤리에 작고 검은 두 눈과 커다란 코를 붙여 놓은 것 같지요.

블로브피시는 오스트레일리아와 뉴질랜드의 바닷속 600미터에서부터 1200미터의 깊은 곳에 살아요. 바로 이 커다랗고 흐늘흐늘한 몸 덕분에 물의 압력을 견딜 수 있어요. 다른 물고기들은 살아남지도 못할 곳에서요.

위협적인 콧물

먹장어는 아마 세상에서 두 번째로 못생긴 물고기일 거예요. 얼마나 못생겼으면 '바다의 돼지'라고 부를까요! 먹장어는 물속 깊은 곳에서 사는데, 입안에는 노랗고 뾰족한 이빨들이 가득해요. 머리는 달팽이를, 몸은 뱀장어를 닮았답니다.

먹장어의 비밀 병기는 콧물이에요. 누군가가 귀찮게 굴면 스스로를 보호하려고 콧물을 만들어요. 이 콧물은 물과 만나면 끈적끈적한 풀처럼 변해요. 이 물질이 바닷물 속으로 퍼져 나가 포식자들의 호흡기인 아가미를 막아 버릴 수 있어요.

침낭 콧물

앵무고기는 잠잘 때 아주 독특한 방법을 써요. 물속 모기 유충을 닮은 작은 기생충들이 못살게 굴 때를 대비해서예요. 잠자리를 만들 때 콧물 같은 걸 뽑아 내요. 그런 다음 꽤 오랫동안 공을 들여 몸 주변으로 그물 같은 걸 만들어요. 이렇게 만든 콧물 침낭 안에서는 어떤 사냥꾼이 오더라도 안전해요.

43

오줌

기린은 사실 좀 별나요. 목 길이는 2미터가 넘고, 심장의 무게만도 11킬로그램이나 되는 거대한 동물이잖아요. 그런데 더더욱 별난 점이 뭔지 아세요? 그건 바로 수컷 기린이 암컷 기린의 오줌에 엄청나게 관심이 많다는 거예요. 심지어 먹기까지 해요. 수컷 기린은 암컷 기린의 오줌을 먹어 보고 암컷이 아기를 가질 준비가 되었는지 알 수 있어요. 오줌으로 새끼를 가지는 주기에 대한 소중한 정보를 알아내는 거예요.

사랑의 오줌

고슴도치의 사랑법은 독특해요. 먼저 암컷 고슴도치가 사방에 오줌을 싸요. 아기를 낳을 준비가 되었다는 것을 구혼자들에게 알리는 거예요. 그러면 수컷 고슴도치가 찾아와서 암컷의 오줌 위에 자기도 오줌을 싸요. 제정신이냐고요? 물론이죠! 우리가 실험실에서 소변 검사를 통해 몸 상태를 분석하는 것처럼, 고슴도치들도 교대로 오줌을 싸면서 여러 가지 정보를 알아내요. 그러고서 멋진 아기들을 낳는 거예요.

똥오줌

파리도 오줌을 싸요. 몸에서 나오는 세균이나 음식 찌꺼기 같은 쓰레기를 내보내야 하니까요. 파리는 새처럼 오줌과 똥을 동시에 싼답니다. 여기저기 사방팔방으로 돌아다니며 조금씩 자국을 남겨요. 그게 바로 파리똥이에요.

명함 오줌

개와 산책해 봤나요? 그렇다면 개가 여기저기 오줌을 싸는 모습도 보았겠네요? 왜 개는 그렇게 계속 오줌을 싸는 걸까요? 사실 이 오줌 흔적은 동네의 다른 개들에게 남기는 명함 같은 거예요. 개들은 오줌 냄새를 맡고는, 그 개가 몇 살인지, 수컷인지 암컷인지 알 수 있어요. 가로등에 오줌을 싼 개의 기분이 좋은지 나쁜지도 알 수 있답니다.

최고 기록 오줌

코끼리가 가지고 있는 최고 기록은 아주 많아요. 몸무게는 7000킬로그램 정도인데, 남자 어른 100여 명의 무게와 비슷해요. 동물 세계에서는 귀가 가장 크고, 이빨도 가장 길어요. 엄니 길이는 3미터 50센티미터나 되고, 오줌이 나오는 생식기의 길이는 1미터 20센티미터나 돼요. 그러니까 엄청난 양의 오줌을 싼다고 해도 놀랄 일은 아니에요. 코끼리가 오줌을 눌 때 그 밑에 있으면 정말 큰일 나요. 1.5리터짜리 물병 160개를 채우는 데 22초밖에 안 걸린다고 해요.

쓰레기통

북극에 사는 북극곰은 빙산에서 바다표범을 사냥해요. 하지만 사냥을 못할 때면 쓰레기통을 뒤져서 아무것이나 먹어요. 역겹다고 생각하지 않지요. 살아남으려면 뭐든 먹어서 영양분을 섭취해야 한다는 걸 잘 아니까요.

가래를 아주 능숙하게 뱉는 거미들이 있어요. 가래 뿜는 거미라고 불릴 정도예요. 보통 거미들이 거미줄을 치는 것과는 달리, 가래 뿜는 거미들은 먹잇감을 향해 가래처럼 긴 거미줄을 뱉어요. 이 가래에는 끈적끈적한 독이 있어서, 순간적으로 먹잇감을 꼼짝 못하게 한답니다.

코딱지

....

고릴라는 잎사귀를 맛있게 먹다가도 자기 코딱지를 먹어요. 코딱지를 돌돌 말아서 디저트로 먹지요. 더럽다고요? 그렇게 생각할 수도 있어요. 하지만 연구에 따르면, 코딱지 속에 들어 있는 작은 세균들이 면역력을 높여 준대요. 그러니 어쩌면 사람 코딱지도 똑같은 역할을 할지 모르는 거라고요.

머릿니

보기 흉한 머릿니

머릿니를 좋아하는 사람은 아무도 없어요. 보기 흉한 데다가 성가시게 굴거든요. 또 수는 어마어마하게 많아요. 6000종이 넘는 머릿니들이 모두 다 르답니다. 코딱지만큼이나 작은 이 벌레들은 프로 흡혈귀예요. 머릿니는 피부를 물 때 침을 주입해요. 그 침이 피를 굳지 않게 해서 계속 마실 수 있게 해 주지요. 더 고약한 것은 머리카락에 서캐라고 하는 알을 낳는 거예요. 그럼 머지않아 피에 굶주린 수백 마리의 작은 머릿니가 머리를 온통 장악해 버려요.

동물마다 다른 머릿니
머릿니는 곰이나 강아지, 고래, 참새에게도 있지만, 모든 동물에게 있는 건 아니에요. 지구상의 모든 포유류 가운데에서 캥거루만 머릿니가 없어요. 왜 그런지는 아무도 모른답니다.

입맛대로 골라 먹는 머릿니
침팬지는 몸을 물고 귀찮게 하는 머릿니들을 없애려고 아예 먹어 버려요. 머릿니들이 손이 닿지 않는 곳에 있을 때에는 친구나 형제, 자매 들에게도 먹으라고 해요.

방귀

"뿡! 잘 지냈어?", "응. 뿡! 잘 지냈지! 넌?" 청어는 밤이 되면 물속에서 방귀를 뀌며 대화를 해요. 청어들끼리 정보를 교환하는 거예요. 그때마다 수십 개의 방귀 방울들이 뽀글뽀글 나와요.

눈이 따끔거리는 방귀

고양이 크기만 한 스컹크는 북아메리카에 살아요. 검은 털에 머리 윗부분과 등에 흰 줄무늬가 있어서 참 예뻐요. 한눈에 쉽게 알아볼 수 있지요. 하지만 조심해야 해요! 절대 겁을 주면 안 돼요. 스컹크는 겁을 먹으면 곧 방어 태세에 들어가요. 머리를 긁적이고 적에게 등을 보여요. 그리고 꼬리를 들어 액체 방귀 발사! 4미터도 더 멀리까지 쏠 수 있어요. 이 기름기가 있는 노란 액체는 보통 방귀보다 열 배는 더 심한 냄새를 풍겨요. 피부 발진을 일으키고 눈이 따끔거릴 정도랍니다.

공기를 오염시키는 방귀

암소는 방귀도 많이 뀌고, 트림도 너무 자주 해요. 그래서 우리가 숨 쉬는 공기를 오염시키고 있어요. 수백만 마리의 암소들이 하루 종일 풀을 뜯고, 곡물을 먹으며 되새김질을 해요. 그동안 배 속에서 만들어지는 메탄가스는 방귀와 트림으로 나와요. 이렇게 나온 위험한 가스는 공기 중에 엄청나게 섞여 있답니다.

냄새가 독한 방귀

대부분의 포유류는 소화를 시킬 때 모두 방귀를 뀌어요. 박테리아들이 장에서 쓸모없는 찌꺼기들을 와구와구 먹어 치울 때 지독한 가스가 만들어져요. 강아지들도 방귀 대장이에요. 집 안에 온통 화생방 경보를 울리게 만들 정도라니까요. 왜냐고요? 아주 간단해요. 먹을 것을 너무 빨리 먹는 데다 공기를 함께 삼켜서 그래요. 아니면 사료를 제대로 소화시키지 못해 그럴 수도 있지요. 이 연쇄 방귀 공격으로 가장 괴로운 사람은 바로 강아지 주인이에요. 그래서 수의사를 만나러 가요. 그러면 수의사는 주인에게 강아지의 사료를 바꾸고 편안하게 먹게 하라고 일러 주어요. 해결책이 있어서 다행이에요.

악취

악취의 왕

긴털족제비는 동물들 가운데에서 악취 챔피언이에요. 가장 고약한 냄새를 풍기는 동물이지요. 라틴어에서 유래한, 악취라는 뜻을 가진 '푸토르(putor)'라는 학명을 가진 것도 우연이 아니에요. 게다가 똥오줌으로 영토 표시를 해요. 출입 금지라고! 자기 집에 들어오려는 이방인에게 알리는 거죠. 스컹크도 긴털족제비처럼 스스로를 보호하려고 상대에게 악취 나는 물방귀를 쏘아 대요.

조심해! 나, 냄새 풍긴다!

무당벌레는 정말 예뻐요. 다른 동물을 물 수도 없고, 쏠 수도 없지요. 하지만 자신을 보호하는 방법이 세 가지나 있어요. 첫째는 색깔이에요. 무당벌레의 빨간색은 동물 세계에서 "조심해. 나는 맛없는 곤충이야."라는 뜻이에요. 둘째, 무당벌레는 냄새가 아주 고약한 오줌을 싸요. 마지막으로, 위험에 처했다 싶으면 죽은 척을 해요. 다리는 모두 구부리고, 더듬이도 접어요. 몸에는 노란 액체를 뒤집어쓴 채로 그냥 쓰러지는 거예요. 픽! 이 기술로 무당벌레는 무서운 적으로부터 잘 도망칠 수 있는 거예요. 죽은 벌레를 먹고 싶은 새는 없을 테니까요.

냄새가 제일 심한 원숭이는 누구?

호랑이꼬리여우원숭이는 알락꼬리여우원숭이라고도 해요. 아프리카의 마다가스카르섬에서만 사는 여우원숭이지요. 동물 인형처럼 무척 귀엽지만 까딱 잘못하다간 엄청난 화를 당할 수 있어요. 알락꼬리여우원숭이는 짜증이 나면 기다란 꼬리를 앞다리에 있는 주머니 같은 곳에다 마구 문질러요. 그러면 고약한 고양이 오줌처럼 지독한 냄새가 나지요. 게다가 꼬리를 사방으로 마구 흔들기까지 해요. 수컷들이 싸울 때에도 이런 방법을 쓰는데, 역겨운 냄새로 상대를 때리는 거나 마찬가지예요. 결국, 냄새가 제일 심한 원숭이가 이긴답니다.

비버

비버도 똥오줌을 싸요. 게다가 '카스토레움'이라고 하는 액체 분비물을 만들어 내요. 이 액체는 엉덩이 근처에 있는 주머니에서 나오는데, 냄새가 아주 고약해요. 비버는 이 액체로 영역 표시를 해요. 우리 생활에서도 이 분비물이 쓰여요. 바로 수백 년 전부터 향수의 원료로 이용한 거예요. 두통에 효과가 좋은 약을 만들 때도 쓰고 있답니다.

사향고양이

아주 오래전부터 향수 만드는 사람들은 아프리카에 사는 이 작은 동물을 사냥해 왔어요. 비버처럼 사향고양이도 '엉덩이 주머니'라는 게 있어요. 바로 여기서 냄새나는 액체를 뿜어내지요. 하지만 이 액체를 묽게 만들면 끔찍한 똥 냄새는 향수로 바뀐답니다.

메뚜기

논이나 풀밭의 메뚜기는 멀리서만 보는 게 훨씬 좋아요. 왜냐고요? 발 냄새가 아주 심한 데다 입에서 거무스름하고 고약한 냄새가 나는 끈적한 액을 토해 내니까요. 그래서 메뚜기는 적이 별로 없어요. 누가 냄새나는 메뚜기를 잡아먹겠어요!

오랑우탄

보르네오섬의 열대 숲에 사는 오랑우탄은 두리안이라는 열매를 많이 먹어요. 이 열매의 냄새가 얼마나 독한지 동남아시아의 대도시에서는 이 열매를 들고 대중교통을 타는 것이 금지되어 있을 정도예요. 오랑우탄이 이 열매를 먹고 똥을 누면, 썩은 달걀 냄새 같은 것이 사방으로 풍겨요.

조랑말

조랑말의 입 냄새는 어떨까요? 설마 딸기 냄새라고 생각하는 건 아니지요? 조랑말의 입속을 제때에 관리해 주지 않으면 박테리아들이 쌓이고 쌓여 더러운 양말에서 나는 고린내를 풍길 거예요.

빈대

침대에 빈대가 있어요! 작고 완전 납작하고 벼룩이나 머릿니만큼이나 불쾌한 침대 빈대요. 물기도 하지만 누군가 자신을 귀찮게 굴면 냄새도 엄청 풍겨요.

사향쥐

사향쥐는 작은 마멋과 닮았지만, 냄새는 마멋보다 훨씬 더 고약해요. 짝짓기 철이 되면 사향쥐는 엉덩이 아래에 있는 작은 주머니를 땅에 막 문질러요. 그러면 암모니아 냄새가 나는 노란 액체가 퍼져요. 새끼를 가질 준비가 되었다는 표시랍니다.

아프리카메뚜기

아프리카메뚜기는 전갈과 도마뱀, 새 들이 무서워하는 곤충이에요. 덩치가 큰 것도 아니지만 치명적인 무기가 있지요. 화가 나면 고약한 냄새가 나는 분비물을 30센티미터까지 뿜어내요. 어서 피하라는 거예요!

트림

트림 대회가 있다면, 무조건 양이 일등이에요! 양은 하루 종일 풀을 먹으면서 공기도 함께 삼켜요. 소화가 될 때 배 속에서 메탄가스가 나오는데, 이것을 내뿜으면서 트림을 하지요. 꺼억! 문제는 수백만 마리의 양들이 뿜어내는 이 가스가 우리가 숨 쉬는 공기를 오염시킨다는 거예요.

돌기

두꺼비의 등에는 오돌토돌한 돌기들이 잔뜩 있어요. 보기에는 흉해도 두꺼비에게는 아주 유익한 거예요. 돌기는 작은 주머니 모양인데, 그 안에 촉촉한 로션 같은 것이 가득 들어 있어요. 날씨가 더워도 이 로션 덕분에 시원하게 지낼 수 있지요.

향기로운 토사물

향유고래는 배 속에 끈적끈적한 액체를 만들어요. 오징어를 삼킬 때 오징어의 입으로부터 내장을 보호하기 위해서예요. 그런데 가끔은 그것을 웩! 하고 바다에 토해 내요. 이 토사물은 오랫동안 물속을 둥둥 떠다니지요. 그러다 사람들에게 발견되면, 굉장한 값어치가 나가요. 바로 그 토사물이 향수를 만드는 데 사용되기 때문이지요.

저기, 있잖아요. 절대, 절대로 라마를 화나게 하면 안 돼요. 라마는 기분이 나쁘면 귀를 낮추고, 혀를 딱딱 부딪쳐서 소리를 내요. 그리고 상대의 얼굴에다 침을 뱉어요. 이 경고로도 부족하면 냄새가 지독한 초록색의 토사물을 뱉어 버려요. 우웩!

발사

토사물

화장실

높은 곳에 있는 화장실
사향고양이는 자기 영역을 주변에 알리고 싶을 때 화장실을 이용해요. 이 야행성 동물은 항상 잘 보이는 곳에서 볼일을 봅니다. 바위 위나 담장 끝, 나뭇가지가 갈라지는 곳에서요. 작은 똥 무더기들이 높이 쌓여 있다면 "조심해. 너는 지금 내 집으로 들어왔어!"라는 뜻이랍니다.

개인 화장실
유럽수달보다 몸집이 더 큰 자이언트수달은 남아메리카의 강에 모여 살아요. 자이언트수달은 낯선 동물들과 영역을 나누는 걸 정말 싫어해요. 그래서 강가를 다져서 거대한 화장실을 만들어 온 가족이 거기서 똥과 오줌을 누어요. 다행히 냄새는 달달한데, 이 냄새가 경고 역할을 해요. "조심해! 여기는 내 땅이야!"

침대 밑 화장실
박쥐들은 화장실이 따로 필요 없어요. 동굴 천장에 매달린 채 바로 밑에다 오줌과 똥을 싸요. 수없이 많은 박쥐가 모이면 수천 개의 작은 똥들이 쌓이고 또 쌓여요. 시간이 흐르면서 저절로 똥 기둥이 만들어지는데 높이가 1미터를 넘기도 해요. 이걸 '구아노'라고 부르는데, 비료로 쓰인답니다.

구멍만 있는 터키식 화장실

오소리들은 땅 밑에 굴을 파고 그 안에서 온종일 지내요. 굴속 현관과 복도, 방들을 나뭇잎들로 꾸며 놓지요. 하지만 조심해요. 그 안에서 똥을 누는 것은 금지! 화장실은 밖에 있어요. 땅에 작은 구멍을 파서 터키식 화장실처럼 만들어 놓지요. 과학자들은 이것을 '요강'이라고 부른답니다.

어린 새들을 위한 화장실

아직 날 줄 모르는 새끼 새들은 둥지 안 아무 데나 똥을 싸요. 그럼 부모 새는 어쩔 수 없이 집안일을 해야 하죠. 혹시 모를 포식자들을 피하려면 마른 똥을 모두 치워야 해요. 똥 냄새를 맡고 포식자들이 찾아오면 큰일이잖아요.

1층에 있는 화장실

나무늘보는 남아메리카 열대 숲의 커다란 나무에서 외롭게 살아요. 나무 위에서 잎을 먹고 그대로 나뭇가지에 매달려 잠을 자요. 볼일을 볼 때에만 나무에서 내려오죠. 땅이 불편한 나무늘보는 같은 곳에서만 똥을 싸요. 집에서 제일 가까운 곳, 바로 지금 살고 있는 나무 밑이에요!

신문 역할을 하는 화장실

라마의 사촌쯤 되는 과나코는 모두 같은 곳에서 똥을 싸요. 퐁당! 똥 쌀 때마다 같은 무리의 과나코들이 모두 똥 냄새를 맡아요. 건강 상태를 알기 위해서예요. 푸마의 공격을 받은 과나코의 똥에서는 '나쁜' 냄새가 나요. 마치 신문 기사처럼 다른 과나코들에게 근처에 위험이 있다고 알려 주는 거예요. 고마워요, 똥 신문!

자, 이제 나야,
아주 더럽지!

그거 알아요? 여러분도 동물이랍니다. 여러분은 고릴라나 침팬지, 오랑우탄 같은 큰 영장류에 속해요. 다른 동물들처럼 여러분의 몸도 나쁜 냄새를 만들어요. 침과 뽀루지, 귀지도 만들지요. 끔찍한가요? 그래도 그 더러운 것들이 모두 쓸모가 있답니다.

발에서 냄새가 나요

둘 중에서 누가 더 더러울까요? 땀을 하나도 안 흘리는 돼지일까요, 양말 속에서 하루 종일 땀을 흘리는 여러분의 발일까요? 오랫동안 따뜻한 곳에 있던 여러분의 발에서는 수천 마리의 박테리아가 번식하면서 아주 나쁜 냄새를 만들어 내요. 살려 줘요, 냄새가 너무 심해요!

입에서도 냄새가 나요

후! 아침에 일어나면 입에서 냄새가 심하게 나요. 족제비한테서나 날 듯한 입 냄새이지요. 우리 입안에도 박테리아라는 작은 벌레들이 수없이 많이 살고 있어요. 우리가 먹은 것들의 찌꺼기를 먹으면서 말이에요. 박테리아들은 새끼를 낳고 쓰레기를 만들어요. 낮에는 혀를 움직여서 그것들을 없앨 수 있지만, 잘 때에는 이 작은 벌레들이 신나게 활동을 해요. 그래서 나쁜 냄새가 나는 거예요.

코에서는 콧물이 흘러요

우리 코는 고릴라의 코보다 깨끗하지 않아요. 우리도 콧물을 흘리고 코딱지가 있거든요. 우리는 심지어 하루에 1리터나 되는 콧물을 삼켜요. 요건 몰랐죠? 우리가 감기에 걸렸을 때 콧물이 흘러요. 코를 풀기 싫으면 훌쩍거리면서 삼키기도 하잖아요. 끈적거리는 점액질은 우리를 병들게 할 수 있는 바이러스를 잡아 주는 역할을 해요. 우리가 건강하게 살 수 있게 도와주는 거예요.

머리에서는 비듬이 생겨요

으악, 비듬이다! 우리 피부는 계속 새로운 세포를 만들어 내어 죽은 세포를 대신해요. 하지만 머리에 있는 죽은 세포들 중 몇몇은 머리카락 사이에 끼어 남아 있을 수도 있어요. 그러면 피부에서 만들어지는 기름인 피지와 섞이고 먼지가 쌓여서 비듬으로 변하는 거예요.

귀에서는 귀지가 생겨요

강아지 귀가 더럽다고 생각하나요? 우리 귀를 한번 들여다보아요. 귀를 잘 닦지 않으면 귓속은 끈적끈적한 물질로 가득 차요. 그게 바로 냄새나는 귀지예요. 으악! 좋은 냄새는 아니죠. 하지만 그건 사실 몸이 스스로를 보호하는 방법이에요. 귀지는 세균을 막아 주는 올가미예요. 귀지 올가미가 아니면 세균이 우리의 귀 안쪽으로 더 파고들어 갈 수도 있거든요.

엉덩이는 방귀를 뀌어요

가끔은 알아차리지 못해도, 냄새나는 작은 방귀에서부터 뿡 소리가 나는 큰 방귀까지 우리는 하루에 대략 14번의 방귀를 뀌어요. 그게 정상이에요. 그건 우리가 먹은 것을 잘 소화시키고 있다는 뜻이거든요. 음식물을 분해하는 박테리아는 냄새가 심하게 나는 가스를 만들어요. 이 가스는 항문을 막아 주는 근육인 괄약근을 통과해요. 그러면서 근육을 떨게 하는 거죠. 그럼 뿡! 소리가 나는 거예요.

퀴즈

1. 노루 똥은 무엇처럼 보이지?
   ㄱ) 흙깔개
   ㄴ) 양탄자
   ㄷ) 식탁보

2. 향유고래의 토사물은?
   ㄱ) 향수를 만드는 데 쓰여요.
   ㄴ) 기름을 만드는 데 쓰여요.
   ㄷ) 아무 데도 안 쓰여요.
      냄새가 심해요.

3. 고슴도치가 침을 흘리는 이유는?
   ㄱ) 적들에게 겁을 주려고요.
   ㄴ) 털을 씻으려고요.
   ㄷ) 왜 그러는지 아무도 몰라요.

4. 맨드릴개코원숭이의 엉덩이는 무슨 색?
   ㄱ) 완전히 빨간색
   ㄴ) 빨간색, 분홍색과 파란색
   ㄷ) 초록색 물방울무늬가 있는 분홍색

5. 작은 후투티는 자신을 어떻게 보호할까?
   ㄱ) 적에게 똥 폭탄을 쏘아 대요.
   ㄴ) 적들에게 침을 뱉죠.
   ㄷ) 고약한 냄새가 나는 방귀를 뀌어요.

6. 바다의 돼지는 누구?
   ㄱ) 민달팽이
   ㄴ) 먹장어
   ㄷ) 바다코끼리

7. 나리딱정벌레 무리가 스스로를 보호하는 방법은?
   ㄱ) 똥 속에서 마구 몸을 굴려요.
   ㄴ) 오줌 속에 숨어요.
   ㄷ) 천둥소리같이 큰 소리로 트림을 해요.

8. 멧돼지의 진흙 늪은 뭐라고 부를까?
   ㄱ) 얼룩
   ㄴ) 더러운 사람
   ㄷ) 진흙탕

9. 앵무고기는 콧물을 어디에 쓸까?
   ㄱ) 암컷을 유혹하는 데요.
   ㄴ) 새끼들을 보호하는 데요.
   ㄷ) 포식자들을 멀리 떨어지게 하는 데요.

10. 사람은 방귀를 몇 번 정도 뀌지?
    ㄱ) 하루에 평균 6번
    ㄴ) 하루에 평균 14번
    ㄷ) 하루에 평균 35번

11 콩알 사탕이 뭐야?
ㄱ) 염소가 싸는 똥이에요.
ㄴ) 염소가 뀌는 방귀예요.
ㄷ) 염소 코딱지예요.

12 달팽이의 분비물은 어디에서 나올까?
ㄱ) 발에서 나와요.
ㄴ) 코에서 나와요.
ㄷ) 입에서 나와요.

13 당분이 든 단 분비물은 뭘까?
ㄱ) 진딧물 똥이에요.
ㄴ) 꿀벌이 흘리는 침이에요.
ㄷ) 코끼리의 콧물이에요.

14 청어들은 물속에서 어떻게 말을 할까?
ㄱ) 말도 안 돼요. 대화를 하다니요!
ㄴ) 갖가지 방귀를 뀌면서요.
ㄷ) 코로 방울을 만들면서요.

15 호랑이꼬리여우원숭이가
서로 싸우면 누가 이길까?
ㄱ) 악취가 가장 많이 나는 원숭이
ㄴ) 오줌을 가장 많이 싸는 원숭이
ㄷ) 가장 크게 으르렁거리는 원숭이

16 수달의 똥 냄새는?
ㄱ) 썩은 달걀 냄새예요.
ㄴ) 당연히 생선 냄새이지요.
ㄷ) 단 냄새예요.

17 고래의 똥 색깔은?
ㄱ) 분홍색
ㄴ) 파란색
ㄷ) 밤색

빈칸에 정답을 표시하세요.

	ㄱ	ㄴ	ㄷ
1			
2			
3			
4			
5			
6			
7			
8			
9			
10			
11			
12			
13			
14			
15			
16			
17